ESSAI

SUR LES BOIS

DE

CHARPENTE.

DISSERTATION

DE LA COMPAGNIE

DES ARCHITECTES

Experts des Bâtimens à Paris,

EN RÉPONSE au Mémoire de M. PARIS DU VERNEY, Conseiller d'Etat, Intendant de l'Ecole Royale Militaire, fur la Théorie & la Pratique des gros Bois de Charpente, dans leur exploitation & dans leur emploi.

Rédigée par MM. BABUTY DESGODETZ & LE CAMUS DE MEZIERES.

❋

A PARIS,

Chez BABUTY, Fils, Libraire, Quai des Augustins, à l'Etoile.

M. DCC. LXIII.

Avec Permiffion.

COPIE

DE

LA LETTRE

DE Monſieur PARIS DU VERNEY, Conſeiller d'Etat, Intendant de l'Ecole Royale Militaire,

A Meſſieurs les Architectes-Experts des Bâtimens, adreſſée à M. CHAU-VREAU, en date du 14 Août 1762.

MESSIEURS,

LE Conſeil de l'Ecole Royale Militaire a appris, avec bien de la ſatisfaction, que votre zéle pour le bien public, vous a fait accueillir le Mémoire que je vous ai adreſſé de ſa part, concernant les poutres de l'Hôtel de l'Ecole Militaire, & l'emploi des gros bois en général, & que vous vous porterez de bon cœur à donner toutes les inſtructions, que l'on doit attendre de vos connoiſſances & de votre expérience ſur cet objet, également intéreſſant pour le public & pour le Particulier.

Le Conſeil s'apperçoit bien que les queſtions préſentées au Mémoire, pourroient fournir la matiere d'un Traité utile à la Nation & digne de vous; mais craignant d'un côté, qu'un ouvrage de cette importance n'exige plus de tems que vos occupations ne vous permettent d'en donner; & de l'autre, que la longueur de l'ouvrage ne retarde

trop le renouvellement des poutres de l'Hôtel, qui paroît urgent
en plusieurs parties, le Conseil
m'a chargé de vous prier de sa
part, de vouloir bien réunir vos
avis sur les questions proposées,
& les rédiger à chaque article en
marge du Mémoire, pour mettre
le Conseil en état de faire pro-
céder au remplacement des poutres de l'Hôtel.

J'ai l'honneur d'être avec des
sentimens respectueux.

MÉMOIRE A CONSULTER.

MESSIEURS,

LES inconvéniens qui résultent de l'emploi des gros bois, & dont depuis long-tems on a ressenti les effets dans la marine & dans les édifices de quelqu'importance, tels que les Châteaux de Compiégne & Versailles, le Grenier à sel de Rouen, la Chambre des Comptes de Paris, les Enfans-Trouvés, & plus récemment à l'Ecole Militaire, semblent mériter que ceux qui, par état doivent s'occuper de la solidité des constructions, cherchent à découvrir les causes du prompt dépérissement des gros bois, & les moyens, du moins les plus apparens, pour se garantir de ces inconvéniens, & des dépenses qu'ils entraînent.

Perſonne n'ignore que les Vaiſſeaux conſtruits depuis cinquante
ans, ſont d'une beaucoup moins
longue durée, que ceux que l'on
conſtruiſoit auparavant.

Neuf ans après les ouvrages
faits à Compiègne, on fut obligé
d'y renouveller quarante poutres.

Lors de la coupe de la Forêt
de Chambord, les bois parurent
ſi beaux, qu'on jugea convenable
d'en conſerver pour les beſoins à
venir, d'en faire des approviſion-
nemens, & d'en envoyer en différens départemens des Bâtimens
du Roi ; il en fut envoyé à Verſailles, où on fit des angards pour
les mettre à couvert, & les conſerver ; quelques années après il
en fut fait emploi en poutres dans
l'appartement de la Reine ; quatre ans après l'emploi, on trouva
ces poutres totalement pourries ;

& on fut obligé d'en substituer de nouvelles.

Depuis la réconstruction de la Chambre des Comptes, on a été obligé de renouveller une partie des poutres ; on croit même qu'il y en a quelques-unes qui ont été renouvellées plus d'une fois.

Le même accident est arrivé aux Enfans-Trouvés de Paris, à Rouen & à plusieurs autres endroits;& aujourd'hui nous voyons à l'Ecole Royale Militaire, que de 233 poutres de différentes longueurs & grosseurs qui y sont employées, il y en a 123 qui sont pourries dans leurs portées sur les murs ; les unes dans partie de la longueur des portées ; les autres, au-delà de l'épaisseur des murs ; que quelques-unes de ces poutres ne sont pourries que d'un seul bout ; & les autres, des deux, quoiqu'elles foient faines dans le furplus de leur longueur, fi on en excepte quelques-unes qui font échauffées prefque dans toute leur longueur.

Outre ces 123 poutres, il y en a 56 qui font viciées & endommagées par des noyaux de pourriture, plus ou moins confidérables & de différentes longueurs; de forte que des 233 poutres, il n'y en a que 54 qui ayent été reconnues faines, par les différentes fondes qui y ont été faites, quoiqu'elles euffent toutes paru très-faines & de très-bonne qualité, lors de l'emploi & du choix qui en fut fait.

Des objets auffi frappans & auffi importans ayant attiré l'attention du Gouvernement, & déterminé Monfieur le Contrôleur Général à demander l'avis

des Grands-Maîtres des Eaux · &
Forêts, & même des Maîtres de
Forges, fur les caufes du prompt
dépériffement des gros bois, &
les moyens propres à l'empêcher,
ou dû moins à en arrêter le progrès; & le mal étant un mal com-
mun qui, en intéreffant l'Etat,
intéreffe auffi les Particuliers, par
les dépenfes que leur occafion-
nent les changemens & renou-
vellemens de poutres dans l'intérieur, & de poitraux à la face
de leurs maifons; il paroît bien
convenable que ceux auxquels le
foin de ce renouvellement & de
ces dépenfes eft confié, indi-
quent les moyens de les éviter.
Les lumieres & les connoiffan-
ces que vous avez acquifes, Mef-
fieurs, fur la nature & la qualité des bois, par l'emploi que
vous en avez fait faire, vous met-

tent en état de satisfaire à ce
que l'intérêt public & particulier
exige de vous, & que l'on doit
attendre de votre zéle.

NOTA. *On a satisfait aux*
questions suivantes, en répondant
sous leurs mêmes Numeros dans la
Dissertation.

I.

ON demande, Messieurs, si
tous les bois de Chêne (il n'est
pas question ici des autres espéces de bois) sont propres à employer en poutres, poitraux &
autres grosses piéces de charpente.

I I.

SI la qualité du terrein n'in-
flue pas nécessairement sur la
qualité du bois qu'il a produit.

I I I.

S'il eſt indifférent pour la qualité du bois, qu'il ait été produit dans un terrein pierreux, ſabloneux, marécageux, ou dans un terrein gras ou terres fortes. Si dans le choix que l'on fait des bois, on ne doit pas avoir égard à la qualité du terrein; & quel eſt celui auquel on doit donner la préférence?

I V.

Si les bois crûs dans des fonds de Forêts ſont auſſi bons que ceux des rives.

V.

Quel âge le bois doit avoir pour être bon à employer en groſſes piéces, ſans être débité.

V I.

S'IL n'y a pas d'inconvénient
d'employer des bois avancés en
âge, & que l'on nomme bois sur
le retour; & si ces bois, par l'inaction de la seve, ne sont pas su-
jets à être viciés dans le cœur, &
si le germe de ce vice une fois
admis, il n'est pas à craindre qu'il
ne fasse des progrès après que le
bois sera coupé, & lorsqu'il sera
employé.

V I I.

S'IL est indifférent de couper
les bois dans toutes les saisons de
l'année.

V I I I.

SI on pense que la seve de
l'arbre soit également abondante
dans toutes les saisons de l'année.

I X.

SI cette feve plus ou moins abondante, au tems de la coupe, peut devenir un germe de corruption dans les bois coupés & employés?

X.

SI, en laiſſant les bois ſans les employer pendant pluſieurs années, après qu'ils ont été coupés & équarris, on peut eſpérer que leur feve & leur humide s'évaporeront, & que leur deſſechement les garantira de la corruption?

NOTA. *Le contraire eſt prouvé par l'exemple des poutres provenantes de Chambord, employées à Verſailles dans l'appartement de la Reine, puiſqu'elles avoient été gardées ſous des angards.*

Un

*Un Particulier ayant trouvé
dans un Château, dont il avoit
nouvellement fait l'acquisition,
plusieurs poutres que l'on y con-
servoit à couvert sous des angards
depuis plusieurs années, ayant
voulu en faire usage pour les bâtimens qu'il faisoit construire, trouva toutes ces poutres tellement gâ-
tées & pourries dans le cœur, quoiqu'elles parussent bonnes, & qu'elles fussent très-dures à l'extérieur,
qu'il fut réduit à les faire débiter
en chevrons.*

X I.

EN supposant que l'évaporation se fasse, & que le dessèche-
ment puisse garantir de la corruption, on demande combien il faut
de tems pour que le dessèche-
ment soit parfait, ou du moins
suffisant, pour qu'il ne reste plus
d'inquiétude ? B

NOTA. *Quelques Charpentiers prétendent qu'une piéce de bois de 18 à 20 pouces d'équarriſſage, n'eſt pas ſeche dans le cœur après dix ans.*

X I I.

NE ſeroit-il pas avantageux de cerner les arbres par le pied, pluſieurs mois ou même une année entiere, avant que de les couper? Cette opération, en empêchant l'action d'une nouvelle ſeve, n'occaſionneroit-elle pas l'écoulement de l'ancienne & d'une grande partie de l'humide qui ſe trouveroit dans l'arbre, au moment qu'il ſeroit cerné?

NOTA. *C'eſt le ſentiment de Vitruve.*

XIII.

Si on convient que la feve
eſt preſque toujours le germe de
la corruption intérieure des gros
bois, & que l'on ſoit convenu
qu'elle ſoit moins abondante dans
une ſaiſon que dans l'autre, ne
doit-on pas convenir auſſi que
l'on ne devroit couper les bois,
que lorſque la feve eſt moins
abondante, & qu'alors le germe
de corruption étant moins conſi-
dérable, les progrès du dépériſſement ſeroient plus lents ?

XIV.

L'Ordonnance des Eaux &
Forêts fixe le tems pour la ceſſa-
tion de la coupe des bois, tant
de futaye, que taillis, au 15
Avril; elle ne fixe point le tems
auquel on doit commencer la

coupe ; mais il eſt fixé par l'uſage au 15 Septembre. On demande ſi cette fixation n'eſt pas trop étendue, ſi au 15 Septembre la feve eſt déja aſſez retirée ou aſſez amortie, pour qu'il n'y ait plus rien à craindre de ſes effets, & ſi au 15 Avril elle n'a pas déja aſſez d'activité, pour qu'elle nuiſe à la qualité des bois qui feront coupés dans ce tems ?

X V.

ON demande s'il ne feroit pas de la fageſſe du Gouvernement de reſtraindre le tems de la coupe des bois, & de le fixer depuis le 15 Novembre juſqu'au 15 Février, tems auquel la feve de tous les bois ne paroît pas avoir une grande activité ?

X V I.

ON vous demande encore, Messieurs, si, en employant des poutres ou autres grosses piéces de charpente, dont les bouts sont portés sur les murs, il ne seroit pas convenable d'en laisser les extrémités à découvert, afin que l'air agissant sur la longueur de ces différentes piéces, dont il chasse l'humide vers ces extré-mités, il ne se trouve point d'obs-tacle à l'évaporation ; car nous sommes forcés de croire que l'air qui agit sur une piéce de bois, fait à peu près le même effet que le feu, qu'il en chasse l'humide vers les extrémités ; & que si ces extrémités ne sont pas exposées à un air libre, qu'elles soient au contraire renfermées dans le corps des murs, il n'y aura point d'évaporation ; & qu'alors cet humide concentré, agiſſant ſur les extrémités des bois, en occaſionnera le dépériſſement, comme on le voit à l'Ecole Militaire, où la plus grande partie des poutres pourries & preſque conſommées dans les bouts, ſont auſſi ſaines dans le ſurplus de leur longueur, qu'elles le pouvoient être, ſi elles n'euſſent été coupées que depuis deux mois ?

X V I I.

LE plus grand dépériſſement des poutres étant occaſionné par l'humide concentré dans le cœur ou centre de la piéce, on demande s'il ne ſeroit pas avantageux de refendre chaque piéce deſtinée à être employée en poutre, pour en faciliter le deſſechement & l'évaporation de ſon humide

corrosif, de laisser chaque partie
sciée exposée au grand air & aux
ardeurs du Soleil pendant quelque tems, & ensuite de rappro-
cher les dosses des deux parties
sciées, l'une contre l'autre, en
laissant les faces sciées en dehors
& les bouttonnant. On croit pou-
voir dire affirmativement qu'elles seroient beaucoup plus promptement desséchées, & que l'évaporation seroit beaucoup plutôt
faite, & on pense qu'elles ne per-
droient point de leur force, puis-
que les solides & même les flui-
des ne portent point en raison
de leur étendue superficielle,
mais bien en raison de leur épaisseur; & comme la pièce de bois
refendue sur sa largeur conser-
veroit toujours la même hauteur
ou épaisseur, on croit qu'après la
refente & la réunion des parties

fciées, elle pourroit porter & foutenir la même charge qu'avant la refente: cette opinion eft appuyée par l'expérience faite au mois de Février 1753 , fur une des poutres employées à l'Ecole Militaire.

On choifit pour cette expérience une poutre de 27 pieds & demi de longueur, de quinze pouces & demi fur dix-fept pouces de groffeur, ayant douze lignes de bouge ; on pofa cette poutre fur deux Chantiers, à 24 pieds & demi de diftance l'un de l'autre.

Cette poutre ainfi placée fur fon roide, on remarqua qu'elle avoit plié de deux lignes par fon propre poids; on la chargea enfuite de 5519 liv., & elle plia de fept lignes & demie, outre les deux lignes dont elle étoit pliée par fon propre poids ; & l'ayant ainfi

ainſi chargée juſqu'au lendemain,
on s'apperçût qu'elle avoit encore
plié d'un quart de ligne ; ce qui
fait au total ſept lignes trois
quarts.

On déchargea cette poutre,
on la fit refendre, on appliqua
les deux parties ſciées doſſe contre doſſe, on les boulonna en-
ſuite, on la poſa ſur les mêmes
Chantiers, & on la chargea du
même poids dont on l'avoit chargée avant le ſciage, & on ne s'apperçût pas qu'elle eût pliée de
plus de ſept lignes trois quarts ;
de ſorte qu'après la refente, elle
plia de deux lignes moins qu'elle
n'avoit faite avant la refente : ce
qui prouve que la refente faite
ſur la largeur des bois, n'en di-
minuera point la force, lorſqu'on
en rapprochera les parties, &
qu'on aura attention de les lier

C

enſemble avec boulons ou em-
braſſures de fer.

XVIII.

ET quand on pourroit ſuppo-
ſer que la refente des bois n'en
faciliteroit pas le deſſechement,
s'il eſt démontré qu'il n'en dimi-
nue pas la force, on demande s'il
ne ſeroit pas toujours très - avantageux de les refendre, pour en
connoître l'état & la qualité dans
l'intérieur? Et ſi la refente ne
ſeroit pas un moyen ſûr, pour
n'être pas expoſé à employer des
bois qui ont déja un germe de
corruption? Et ſi cet avantage
ſeul, & abſtraction faite de tout
autre, ne doit pas être détermi-
nant?

XIX.

UNE opinion aſſez générale

femble établir que la rigueur de l'hyver en l'année 1709, a attaqué & carié la plus grande partie des bois éxiftans alors fur pied.

On demande 1°. fi cette opinion eft fondée, & fur quoi elle peut être fondée ?

2°. S'il y a des fignes auxquels on puiffe reconnoître le vice ou carie des bois occafionné par la rigueur du froid de 1709 ?

3°. Si l'impreffion du froid a agi fur la totalité du corps de l'arbre, ou s'il n'a attaqué que l'extérieur, c'eft-à-dire, les parties qui étoient alors les plus voifines de l'écorce ?

4°. Si le vice ou carie de l'arbre a dû refter en fon premier état, ou s'il a dû prendre accroiffement en proportion de l'accroiffement de l'arbre ?

5°. Si cet accroiffement de vice

s'eſt fait par ſa communication
aux parties inhérentes, ou par
l'effet de la végétation ?

6°. Si cette impreſſion de l'hyver de 1709, peut contribuer au
prompt dépériſſement des bois,
ſoit avant, ſoit après l'emploi ?

ENVOI

DU Mémoire de la Compagnie des Architectes-Experts des Bâtimens, à Monfieur PARIS DU VERNEY, par M. Poirin, *Syndic de ladite Compagnie.*

Monsieur,

J'AI communiqué à la Compagnie, le Mémoire que vous lui avez adreffé de la part du Confeil de l'Ecole Royale Militaire, par lequel on demande des éclairciffemens fur le vice radical qui fe trouve aujourd'hui dans la plus grande partie des grois bois de charpente ; fur la caufe de leur prompt dépériffement, & fur les moyens de l'éviter, ou du moins d'en arrêter le progrès;

* C iij

j'ai lû dans une de nos Aſſemblées, Monſieur, votre Lettre remplie des vûes ordinaires du bon Citoyen ; elle a excité dans tous mes Confreres l'émulation qu'on doit attendre d'eſprits diſpoſés par eux-mêmes à l'utilité, & au plus grand avantage de la Société : auſſi, Monſiéur, ai - je le bonheur de préſenter au Conſeil, & de vous adreſſer, au nom de la Compagnie, un Eſſai que le zéle guidé par l'expérience & la Phyſique a pû nous dicter ; heureux ſi, rempliſſant vos demandes, nous avons prouvé nos ſentimens , & moi en particulier, le reſpect avec lequel je ſuis,

Monſieur ,

Votre &c.

Ce 26 Octobre 1762.   Signé, POIRIN, Syndic.

DISSERTATION

De la Compagnie

DES ARCHITECTES - EXPERTS DES BASTIMENS A PARIS,

EN Réponfe au Mémoire de M. PARIS DU VERNEY, Confeiller d'Etat, Intendant de l'Ecole Royale Militaire, fur la Thécrie & la Pratique des gros bois de Charpente dans leur exploitation & dans leur emploi.

Rédigée par MM. BABUTY DESGODETZ & LE CAMUS DE MEZIERES.

LES triftes inconvéniens, qu'on a éprouvé depuis plufieurs années, dans l'emploi des gros bois de charpente, intéreffàns également l'Etat & le Particulier, il eft de tout bon Citoyen d'en rechercher la caufe, d'en combiner les effets, & d'apporter le reméde, qui forme aujourd'hui les

C iv

voeux du sage Ministere sous lequel nous vivons.

Animés par le zéle du bien public, & guidés par les plus exacts Observateurs dans l'Histoire Naturelle, par les Auteurs les plus avoués (*) qui ont traité de l'exploitation du bois & de son emploi, & par l'expérience même que nous a donné l'état que nous exerçons, nous examinerons si le vice provient, ou d'une défaillance dans la nature, ou d'un défaut de soin & d'attention de la part des hommes.

Mais, pour bien approfondir cette matiere, il est à propos de

_____

(*) Sans prétendre donner aucun rang de distinction aux Auteurs, voici les noms de la plûpart de ceux que nous avons consultés. MM. *Grew*, *Malpighy*, *Mariotte*, *Perrault*, *Lewemhock*, *Plot*, *Evelin*, *Hickman*, *Bernoulli*, *de la Hire*, *Parent*, *Buffon*, *Dukamel*, *Belidor*, *Jousse* & autres.

parler de tout ce qui eſt relatif à l'arbre, de ſa plantation, de ſon éducation, de ſa conformation, de ſa végétation, de ſon exploitation & de ſon emploi.

PLANTATION.

La terre n'eſt ni uſée, ni appauvrie en elle-même, elle eſt telle que dans ſon origine, elle a toujours ſes ſucs & ſes ſels. Il s'agit ſeulement d'en profiter, & de ne point négliger les tréſors abondans qu'elle nous préſente continuellement. Si tel terrein ſemble refuſer de produire une plante qui y croiſſoit autrefois avec ſuccès, ce n'eſt pas qu'il ait dégénéré en qualité, mais c'eſt qu'il eſt privé pour quelque tems des ſucs propres à cette même plante ; épuiſé pour une eſpéce, il ſera pour une autre une terre

neuve, qui bientôt par les influences de l'air, & par la fermentation continuelle de la nature,
reviendra dans son premier état.

C'est une expérience que nous
avons continuellement sous les
yeux. Le Jardinier & le Laboureur ont soin de ne point semer
le grain de même espéce deux
années de suite dans la même
terre. C'est aussi d'après ces
principes donnés par l'usage,
qu'ils ont attention de ne point
toujours faire rapporter leurs terres ; de leur donner du repos, ou
du moins d'y suppléer par des engrais : & ce n'est plus aujourd'hui
une question à éclaircir.

Si l'on fait attention que la plus
grande partie de nos Forêts est
très - ancienne, & que presque
toutes nos futayes croissent sur
de vieilles souches, on sentira ai-

sément que le bois dont on doit jouir actuellement, ne peut être que foible & sujet à mille défauts.

Certainement les sucs seroient mieux filtrés dans les racines d'un jeune plant, que dans celles d'une vieille souche. Malheureusement nous en avons d'autant moins de la premiere espèce, que le jeune plant, qui pourroit venir du gland qui tombe des arbres, est étouffé par les vieilles souches voisines, dont les rejettons lui raviffent les impreffions de l'air, & dont le nombreux chevelu des racines le privent des sucs de la terre.

Les eaux de pluie & les feuilles ou glands ne peuvent y suppléer; c'est un engrais insuffisant pour cette terre dénuée de la plus grande partie des sucs propres à l'espéce.

Qu'en conclure ? Qu'il est à

défirer qu'on pourvût, autant qu'il feroit poffible, à la plantation de nouveaux bois, & qu'on abandonnât les anciens terreins, pour les défricher & les mettre en labour. Les terres pleines de fucs neufs & plus favorables pour les nouvelles femences de grains, donneroient au Laboureur des récoltes heureufes & abondantes.

Dans ces nouvelles plantations, il y auroit des foins particuliers à apporter. Il faudroit prendre le gland d'un arbre de belle venûe, de cent années ou environ, & le placer dans la terre, ainfi que la nature l'a difpofé. Il faudroit que le pédicule ou germe qui fort des deux lobes, & qui doit former un jour les racines, fût placé dans une direction au centre de la terre; & que la plumule ou tige qui eft renfermée dans les lobes, &

qui doit un jour former le corps de la plante, se trouvât en sens vertical : c'est la voie de la nature. Le pédicule ne seroit pas gêné pour s'enfoncer en terre ; la plumule ou tige de la jeune plante s'éleveroit avec succès, & le bois dont elle est la mere, ne seroit ni rabougri ni tortueux.

CULTURE ou EDUCATION.

ON pourroit aussi exiger qu'on prît plus d'attention dans la coupe des taillis, qu'on ménageât davantage les baliveaux, qu'on les laissât espacés à une distance égale & convenable, pour qu'ils ne s'entrenuisissent pas. Il faudroit s'arrêter moins à leur grosseur qu'à une belle venüe, & à la beauté de leur écorce.

Pour les aider à venir bien droits, & les empêcher d'être

battus des vents, il feroit à pro-
.pos de les entretenir avec per-
ches & gaules, pendant leur premiere jeuneffe, de les émonder
immédiatement après chaque
pouffe. C'eft le moyen d'écarter
la formation & l'accroiffement
dangereux des nœuds. Enfin, il
ne faut pas oublier de les facler
& de les labourer au pied dans
les tems convenables.

Après cette légere efquiffe de
ce qui peut contribuer à établir
une bonne plantation, & à donner une éducation convenable,
fuivons la nature dans fa marche,
& cohfidérons l'arbre dans fa
conformation.

CONFORMATION & ANATOMIE DE L'ARBRE.

L'ARBRE eft compofé de l'é-
corce, de la partie ligneufe, &

de la substance médullaire.

Il faut y joindre encore les trachées qui sont remplies d'air, & les vases propres où circule un suc plus ou moins laiteux & résineux, qui est particulier à chacun, & qui en forme l'espéce. Il y a encore les sachets ou utricules, qui sont de petits sacs de figure ovale, percés par les bouts & couchés à la file comme des grains de chapelet.

L'écorce a trois parties; l'extérieure qui est squammeuse, & comme un rezeau étendu sur toute la superficie de l'arbre. La partie du milieu qui est peu dense, spongieuse, remplie d'une infinité de pores, & de sachets & utricules verds. Ils sont de même nature que le corps médullaire, avec lequel ils communiquent par les couches des sachets &

utricules, qu'on nomme les intersections médullaires. La partie intérieure est, ce qu'on appelle *liber*, pellicule mince, déliée & molle dans son origine, mais qui par la suite s'empreignant de sucs ligneux devient bois à son tour, par l'avoisinement du bois fait qui y jette ses fibres, & qui forme ainsi chaque année au-tour de l'arbre, un nouveau cercle d'accroissement, qu'on nomme communément *Aubier*.

La partie ligneuse est composée de fibres verticales liées ensemble par paquets, en façon de baguettes entortillées.

La substance médullaire est un amas de plusieurs chambrettes & cavités remplies d'utricules ou sachets, & séparées entr'elles par des cloisons ou pellicules minces d'une substance légere.

Les

Les trachées font compofées
d'une efpéce de lame argentée ,
tournée en fpirale, fans doute
afin qu'elles puiffent plier , fans
fe rompre fous l'effort des vents.

Les trachées, les fibres ligneufes & les vafes propres qui s'éle-
vent verticalement & de compagnie dans tout le corps de l'arbre, laiffent entr'eux des interftices qui font remplis d'une mul-
titude de fachets & utricules ran-
gés par couches horizontales, &
qui s'entrelaffent avec le corps
des fibres ligneufes & des trachées, comme le vanier entre-
laffe les traverfes de fon panier
avec les montans.

Il faut encore obferver qu'il fe
forme différens nœuds , lefquels
font des efpéces de couloirs des
liqueurs de l'arbre, pour nourrir
les rameaux.

D

Telle est la conformation de l'arbre, il est couvert par l'écorce comme d'une peau; la substance médullaire lui tient lieu de chair: il est affermi par les fibres ligneuses qui lui servent de parties osseuses, & en même-tems les fibres ligneuses, les utricules & les vases propres font les fonctions des muscles, des arteres & des veines, ainsi que les trachées font l'office des poulmons.

La nature se conduit ainsi uniformément dans presque toutes ses opérations; & comme elle ne fait rien que par la circulation, il faut dire ici un mot de la végétation.

VÉGÉTATION & NOURRITURE DE L'ARBRE.

LES sucs nourriciers formés de parties salines, sulphureuses

& aqueuſes ſe portent des racines au ſommet par les fibres ligneuſes.

Les plus ſpiritueux & les plus
volatils, les mieux cuits & les
mieux digérés, nourriſſent la ſubſtance de l'arbre ; les plus groſſiers & les moins parfaits, & qui
ne ſont preſque plus compoſés
que de parties aqueuſes, refluent
par les útricules & ſachets tranſ-
verſaux, partie vers l'écorce, partie vers le centre où eſt la ſubſtance médullaire.

Ils commencent à ſe préparer
dans le centre de l'arbre, comme dans un foyer, & dans l'écorce, en y recevant l'impreſſion de
la chaleur du Soleil, & en s'empreignant de nouveaux ſels & du
nître de l'air ; qui pénétrent la
ſpongioſité de l'écorce.

De-là, ces mêmes ſucs redeſ-

cendent aux racines, où ils reçoivent une nouvelle préparation
en y fermentant entr'eux; & le
tout, après avoir été une seconde
fois épuré, remonte encore vers
la cime, & ainſi de ſuite.

Les feuilles fourniſſent auſſi
leur part des ſucs, ſuivant ce
qu'elles reçoivent de la roſée &
des pluies.

Cette circulation, ce jeu de
toutes les parties, & ce mouvement continuel, non interrompu,
ſont favoriſés par l'air enfermé
dans les trachées. Le froid de la
nuit ou de l'hyver le condenſe,
ainſi que la chaleur du jour ou de
l'été le dilate; & cet air par l'élaſ-
ticité qui lui eſt propre, tantôt
reſſerre, tantôt relâche les fibres
ligneuſes, les ſachets ou utricules, & fait ainſi monter & deſ-
cendre alternativement tous ces
ſucs.

Dans l'hyver toutes les parties supérieures de l'arbre sont resserrées par le froid, & réduites à une espéce de létargie; la souche est conservée sous la terre comme dans une serre chaude; alors rien ne monte en haut que ce qui est nécessaire pour l'entretien des parties supérieures. Tout reste vers le bas; aussi c'est le tems où la seve est dans le pied de l'arbre.

L'air extérieur qui descend par les trachées, se joignant à l'air déja enfermé dans les racines, se dilate, les fait gonfler & s'étendre à droite & à gauche; & par ce mécanisme en augmente le chevelu, dont le surcroît donnera l'été suivant plus d'abondance de sucs nourriciers.

La chaleur étant arrivée, agit sur les parties supérieures avec

force, elles fe trouvent plus dila-
tées que celles qui font en terre.
L'air inférieur n'y trouvant plus
de réfiftance, fe porte vers le
haut de l'arbre, avec une quantité de fucs d'autant plus grande,
que le chevelu de l'arbre a plus
provigné pendant l'hyver précé-
dent. Cette provifion enfin s'é-
puife; ainfi commence & finit
la premiere feve.

Pendant l'été, tous les pores
de l'arbre étant extrêmement ou-
verts, l'air chaud que les trachées
refpirent avec beaucoup de nître
& de foufres, dans une abondance extraordinaire, produit
dans les racines au bout d'un certain tems, une nouvelle fermentation qui les chaffe de nouveau
vers les parties fupérieures, &
forme la feconde feve.

Mais la chaleur commençant

à fe tempérer vers la fin de l'été, & les premieres fraîcheurs à fe faire fentir, les parties fupérieures de l'arbre fe refferrent ; & les effets de cette feconde feve ne font pas fi fenfibles que ceux de la premiere.

Ainfi nos Naturaliftes, à l'aide de nos verres & microfcopes, ont découvert & obfervé la conformation & végétation de l'arbre.

Ces principes préliminaires établis, les caufes font connues ; & les effets vont fe déveloper naturellement.

ARTICLE PREMIER.

EXPLOITATION.

Tous les bois ne font pas bons pour la charpente. Le chêne eft celui qu'on y employe le plus

volontiers. Auffi eſt-ce l'eſpéce
la plus roide & la moins caſſan-
te, par la contexture de ſes parties ; deux qualités qui lui ſont
propres & particulieres en même-tems? L'arbre le plus propre
à employer en poutres ou en poitraux, eſt celui dont les fibres ligneuſes ſont les plus roides.

C'eſt ce qui fait que dans l'exploitation des Forêts, on diſtin-
gue celui qui eſt propre à la charpente, à la menuiſerie ou à d'autres uſages, ſuivant l'expoſition
& le ſol.

Nous ne parlerons que de celui qui eſt propre à la charpente ;
il fera ſeul tout l'objet de notre
Diſſertation.

I I.

La nature du local doit produire plus ou moins de rigidité
dans

dans les fibres ligneuſes. La bonne conſtitution d'un corps dépend
de ſa bonne nourriture ; & l'arbre
n'eſt nourri que par les ſucs du
terrein qui l'environne.

I I I.

O n doit donc avoir égard à la
qualité du terrein ; il n'eſt pas
indifférent que l'arbre ait crû
dans un canton pierreux, ſablon-
neux, marécageux, ou dans des
terres graſſes & fortes.

Celui qui vient dans un lieu
bas, & en même - tems aquati-
que ou marécageux, eſt plus tendre, & moins propre au fardeau.
Il renferme en lui-même trop de
parties aqueuſes qui s'évaporent
facilement, & enlevent avec elles les ſels & les ſoufres qu'elles ont déja affoiblis en les dé-
layant par leur abondance.

E

Le terrein étant trop humide,
la terre en eſt plus froide ; il y a
moins de chaleur dans les racines, & moins de cuiſſon & de
fermentation des ſucs, qui reſtent
plus groſſiers & mal préparés : les
fibres ligneuſes, les ſachets & les
utricules n'ont plus la nourriture
ſolide qui leur convenoit. Auſſi
l'emploi de cette ſorte de bois
doit-il être proſcrit pour la charpente. On le reconnoît à ſa couleur rougeâtre.

Ceux qui croiſſent dans un lieu
aride & caillouteux, ſont ordinairement durs & d'un bon emploi. Les parties de ſable ou de
cailloutage, n'étant pas liées les
unes avec les autres, ne retien-
nent pas les eaux, & leur laiſſent
une iſſue facile. Quelque pluie
qu'il tombe, un pareil ſol, eſt
promptement deſſeché : il s'é-

chauffe plus aifément aux premiers rayons du Soleil ; la fermentation & la cuiffon des fucs
en devient plus parfaite. Ce font
les véritables bois de charpente,
& on les connoît par le fciage à
une couleur égale, grife & fans
aucune tache.

A l'égard de ceux qui font nour-
ris dans des terres graffes ou fortes, ou fablonneufes, ils participent des deux qualités de foibleffe ou de force, felon que ces
terres approcheront de l'une ou
de l'autre nature, que le terrein
fera plus ou moins fufceptible
d'être échauffé, & que les parties
aqueufes feront en plus ou moins
grande quantité relativement aux
parties nîtreufes ou fulphureufes.
Ces arbres font d'une nature
graffe : la couleur de leurs mail-
les eft d'une teinture jaune. Tels

ſont les bois dans certains can-
tons de la Forêt de Fontaine-
bleau ; tels ſont ceux de la Forêt
de Chambord.

Indépendamment de toutes ces
obſervations, il en reſte encore
une eſſentielle à ajouter : c'eſt de
ne jamais employer pour la charpente, des bois pouſſés ſur ſou-
ches. Ils ont reçu une nourriture
moins parfaite, qu'ils ne peuvent
tirer que de vieux chevelus & de
racines uſées.

I V.

Les bois qui viennent dans
le fond des Forêts, ſont inférieurs
à ceux qui croiſſent ſur les rives ;
ainſi, plus ils ſont ſur les lizieres,
ou plus ils ſont écartés entr'eux
dans le milieu d'un canton, plus
ils participent aux influences de
l'air toujours renouvellé en ces

endroits : c'eft la marche naturelle, les arbres refpirant & fé nourriffant en partie par l'écorce.

C'eft un avantage dont ne jouiffent pas ceux qui font enfermés & ferrés les uns contre les autres. Ils reçoivent moins d'impreffion de l'air & de la chaleur extérieure, & ils ont une moindre fermentation dans la digeftion de leurs fucs.

Au contraire ceux qui font écartés les uns des autres, ou qui fe trouvent placés fur les rives, font plus aifément battus des vents. Ils font dans le cas d'un exercice & d'un travail continuel; & leurs fibres prennent de-là une confiftance proportionnée à leur état. Auffi les hommes qui remuënt journellement de lourds & pefans fardeaux, font plus robuftes & plus mufculeux.

Il faut cependant excepter les positions où les arbres seroient trop en butte aux vents : car dans le tems de la seve, l'arbre se roule, les cernes se séparent, elles ne font plus corps entr'elles ; ce font autant de cylindres emboë-tés les uns dans les autres ; & cette sorte de bois n'est pas de service.

Après avoir parlé des qualités d'un arbre relativement à son sol, disons encore quelque chose rela-tivement à son exposition.

Celui qui est exposé au Nord ou à l'Orient, est le meilleur. Il vient le plus haut, il a le fil le plus droit, l'écorce presque vive, & au-dessous peu d'aubier. L'ex-périence nous a appris cette diffé-rence, & en même tems à con-noître que la contexture de l'ar-bre est plus ou moins serrée, sui-

vant une expofition plus ou moins
grande au Nord ou au Midi. En
effet la dilatation & expanfion
des parties eft l'effet & la fuite
de la chaleur : & l'expofition au
Nord ou à l'Orient y eft moins
fujette. Auffi dans une Forêt on
diftingue toujours l'expofition au
Septentrion.

V.

PLUS l'arbre a fouffert de travail, plus il a eu le tems de fe
perfectionner, plus il eft fort. Il
lui faut donc un certain âge pour
acquérir ces bonnes qualités.

Il croît ordinairement pendant
cent ans, peu, mais toujours les
cent années fuivantes, après quoi
il dépérit. Cela cependant n'eft
pas général ; il y a des terreins où
les arbres ne profitent plus, & où
ils commencent à fe couronner

dès l'âge de cent ans. Raifon pour
laquelle le tems le plus favorable
pour la coupe de ce qui doit être
deftiné à groffes piéces, comme
poutres & poitraux, eft communément depuis cent vingt jufqu'à
cent foixante ans, & pour la charpente ordinaire, depuis foixante
jufqu'à deux cent.

V I.

IL eft dangereux d'employer
pour la charpente un arbre trop
avancé en âge; c'eft une obfer-
vation faite de tout tems, & pour
laquelle on lui a donné le nom de
bois fur le retour.

En effet, la circulation des fucs
eft alors moins abondante, foit
parce qu'il y a plus de parties à
alimenter, foit parce qu'il fe forme des obftructions dans les canaux ou conduits, d'où il arrive

des deſſechemens & des caries
dans les fibres & contextures. Ce
vice une fois admis, ne peut faire que des progrès. Ainſi le défaut de circulation ou de filtra-
tion dans le corps humain y cauſe
des obſtructions, des maladies,
& en attaque bientôt tout le mé-
caniſme.

Il n'eſt donc aucun doute que
cette inaction de la ſeve n'occa-
ſionne des vices particuliers dans
l'eſſence de l'arbre, & n'en altere
toutes les parties. C'eſt l'effet de
la vieilleſſe, où l'homme eſt ſi
différent de ce qu'il étoit dans la
force de l'âge.

A cette inaction ſuccede un
vice radical, dont les ſuites ſont
pernicieuſes, le bois n'ayant plus
aucune de ces parties vivifiantes,
ſi néceſſaires pour la bonne conſtitution des corps.

V I I.

A l'égard du tems propre pour la coupe des arbres, il est certain que toutes les saisons de l'année n'y sont pas indifférentes.

La trop grande abondance de seve est dangereuse; si l'on coupe l'arbre dans un tems où toutes les liqueurs sont exaltées vers les parties supérieures, elles y sont dans une trop grande quantité, & les sucs grossiers & aqueux, qui ne sont pas encore descendus, demeurent dans le tronc, & n'y peuvent qu'occasionner une fermentation préjudiciable.

V I I I.

Ce n'est que dans certaines saisons de l'année, comme en Mai & en Août, que regne cette ascension de la seve, & son flux abondant.

I X.

La trop grande quantité de feve devient néceffairement un germe de corruption dans les arbres abbattus & employés. Il ne faut pas s'imaginer que la plénitude exceffive des fucs dans les fibres de l'arbre en augmente la force. Il eft à craindre que la matiere qui remplit les fibres, ne vienne à fermenter, & à fe confumer elle-même. Les fibres du foin ne font jamais plus remplies de leurs liqueurs, que lorfqu'il vient d'être coupé ; & l'on voit tous les jours une meule de foin empilé trop verd, s'échauffer, & même prendre feu.

Il y a un reméde contre cette trop grande abondance de feve qui peut refter dans le bois; c'eft de le faire flotter avant l'emploi.

Par ce moyen il dégorgera ces
ſucs trop groſſiers, qui n'ayant
plus après la coupe la circulation
néceſſaire, donneroient lieu à la
corruption ; ſuite d'une trop grande fermentation excitée par ces
ſucs.

Le flottage du bois doit effectivement laver, diſſoudre & em-
porter une partie des liqueurs trop
fermentatives, & les ſels & les
ſoufres les plus dangereux. On
éprouve tous les jours que le bois
neuf rend plus de chaleur au feu
que le bois flotté ; & le bois verd
plus que le bois neuf : c'eſt qu'ils
ſont fournis les uns plus que les
autres, de ſels & de ſoufres, &
d'autres liqueurs expanſives qui
forment la chaleur.

Nous obſerverons cependant
qu'il ne faut pas le laiſſer trop
long-tems à flot. L'eſpace de ſix

femaines eft le plus long terme ;
& plus de tems feroit domma-
geable. Les canaux exportatifs de
ces fucs feroient vuides & dépouillés de leurs fels & de leurs
huiles, & ne feroient plus gon-
flés que de parties aqueufes ; les
fibres de l'arbre n'auroient plus la
même roideur. Il faudroit auffi
un tems confidérable pour chaf-
fer ce nouvel humide concentré,
qui d'une façon ou d'autre pro-
duiroit toujours un autre vice
également à appréhender.

On ne doit pas craindre que
le flottage préjudicie à la qualité
du bois. Il lui devient au contraire une préparation utile & néceffaire pour l'emploi. Auffi, lorfqu'on n'a pas eu la facilité de le
flotter, devroit-on y fuppléer en
le mettant environ fix femaines
dans une eau vive & pure, d'où

on le retireroit au moins fix femaines avant que de l'employer.

Mais autant cette opération eft
favorable pour la bonne qualité
du bois ; autant elle lui feroit préjudiciable, fi l'eau dans laquelle
on l'auroit placé, étoit croupiſ-
fante ou bourbeufe, en ce que
ces bois s'empreignans de fels hé-
térogênes, il en réfulteroit une
fermentation forcée, qui certainement dégénéreroit en corruption.

X.

Peut-être pourroit-on penſer
qu'en laiſſant les bois de charpente pluſieurs années fans les
employer, après les avoir abbattus & bien équarris, fans écorce
ni aubier, leur feve & leur humide fe deſſécheroient aſſez pour
les garantir de la corruption.

Mais la mécanique de l'arbre indique le contraire. Dans le mouvement de circulation d'un arbre fur pied, la liqueur ne doit couler que par les canaux deſtinés à la charrier, autrement elle ſe répandroit confuſément en tous ſens, & toute l'harmonie de cette circulation ſeroit détruite. La nature y a pourvû. L'intérieur des canaux eſt revêtu de fibrilles poilues couchées d'un ſens les unes fur les autres. Elles ſervent à empêcher la liqueur de refluer, ſi elles étoient forcées de rebrouſſer, elles ſe dreſſeroient & rempliroient l'orifice des tuyaux, dont elles ſont par leur diſpoſition des ſoupapes artiſtement diſtribuées par les mains de la nature.

L'arbre étant abbattu, l'action de l'air extérieur n'eſt bien direct que ſur les parties qui lui ſont exposées, & ne peut avoir qu'un effet indirect & très-foible sur les parties du centre de la piéce.

A l'égard de l'air intérieur qui est le principe de circulation dans l'arbre sur pied, il y a deux agens qui le mettent en mouvement ; la chaleur du dehors qui frappe sur l'envelope extérieur ; & la chaleur du dedans qui vient de la terre, & se communique par les racines, tant dans le corps ligneux, que dans la substance médullaire.

Or l'arbre étant coupé, le second de ces deux agens ne subsiste plus ; & d'un autre côté le premier n'a pas un effet sensible, & même ne peut attirer à lui les sucs renfermés dans l'arbre, par la disposition des parois intérieurs des canaux.

D'où il suit, 1°. que la liqueur contenuë

contenuë dans l'arbre ne peut
presque pas s'échapper par les
parties externes ; & que plus la
piéce aura d'équarriſſage , moins
il y aura lieu au prétendu deſſechement. 2°. Qu'il reſtera dans
les parties internes , & ſur - tout
dans le cœur un humide , qui y
formera des caries , ſuite de la
fermentation.

L'humide dont il eſt ici queſtion , devient néceſſairement l'o-
rigine de la corruption des bois
de charpente , n'étant autre choſe
qu'un reſte de ſeve , amas de matieres craſſes, imparfaites,compo-
ſées en général de parties aqueuſes ; qui ne ſont pas encore ſuffi-
ſamment broyées & digérées.

On ne ſçauroit donc apporter
trop d'attention à en procurer
l'écoulement. Auſſi faut-il avoir
un grand ſoin dans les ventes ou

F

dans les chantiers marchands &
autres, de ne jamais poſer les
piéces ni à crû ſur terre, ni de
niveau, mais de leur donner une
pente de quatre pouces au moins
par toiſe ; de ſorte que le côté
de la racine ſoit plus bas que la
partie de la tête de l'arbre. Il
ſeroit encore prudent de placer
les bois de charpente ſous des
angards, & à couvert des intempéries des ſaiſons, de les poſer
ſur des chantiers, de façon qu'ils
ne ſe touchaſſent en aucune façon. Ce qui donneroit un champ
libre à la circulation de l'air.

C'eſt peut-être une des raiſons
pour laquelle les bois coupés
dans la Forêt de Chambord, &
employés à Verſailles dans l'appartement de la Reine, n'ont pas
auſſi - bien réuſſi, que leur belle
conſtitution ſembloit le promet-

tre. Ne pourroit-on pas ajouter
encore que ces bois étoient peut-
être trop vieux, & que, fuivant
la nature du fol de cette Forêt,
ils font prefque tous gras, unique-
ment propres à la menuiferie, &
trop remplis de fucs groffiers,
dont ils n'avoient pas été fuffifamment dépouillés par défaut
d'inclinaifon ou autrement.

Quand même quelqu'un cite-
roit un exemple domeftique de
bois pareillement confervés fous
un angard, il faudroit, pour
qu'on pût donner une folution à
fa demande, qu'il annonçât en
même-tems la nature de ces
bois, leur contexture, & la maniere dont il les auroit pofés fur
des chantiers

X I.

I L feroit à fouhaiter qu'on

pût établir un tems où l'on fixeroit l'entier deſſechement d'une
piéce de bois, & l'évaporation
parfaite de ſon humide, pour
n'avoir plus lieu d'en rien appréhender.

C'eſt néanmoins une queſtion
à laquelle on ne peut répondre
ſtriƈtement. Si l'on conſidere qu'il
n'y a pas de bois, quoique de
même eſpéce, dont les fibres &
contextures ſoient ſemblables,
& dont conſéquemment le deſſechement puiſſe être parfait &
complet au même tems.

Tout ce qu'on peut dire à ce
ſujet de plus certain, c'eſt que
l'évaporation une fois faite de cet
humide, ennemi conjuré de la
bonté des bois, la piéce ne ſera
plus ſuſceptible alors d'une fermentation forcée, qui ne peut
que tendre à la corruption, &

que le flottage est avantageux &
même nécessaire pour son extirpation, ainsi que l'attention à ne
se servir des bois que quatre à
cinq ans après leur coupe.

X I I.

POUR parvenir à cette évaporation, Vitruve conseilloit de
cerner les arbres; mais chacun
sçait que de son tems, la Physi-
que n'avoit pas encore atteint
le degré de perfection, auquel
elle est parvenue aujourd'hui ,
& dont nous sommes redevables
aux lentilles microscopiques; suite des découvertes de Galilée.

L'usage & l'expérience nous
ont appris que cette pratique est
dangereuse; c'est aussi ce que
nous reconnoissons par la mécanique de l'arbre.

En le cernant par le pied, &

lé reduifant en pivot, l'on em-
pêchera prefqu'au total l'exaltation des fucs inférieurs qui font
les mieux préparés ; & l'on n'arrêtera qu'en partie la précipita-
tion des fucs groffiers vers les racines & le bas de l'arbre.

En effet, quoique par la cerne
il s'échappe beaucoup d'eau rouf-
fâtre ; cependant ces fucs mal digérés, les plus dangereux & les
plus propres à la fermentation,
ne peuvent être chaffés avec affez
de force vers le bas, qu'à proportion de ce que les fucs volatils s'éleveront avec plus d'abondance vers la cime ; ce qui ne fe
peut dans l'hypothèfe de Vitruve :
les canaux des fibres ligneufes &
autres y font tous coupés & in-
terrompus par la cerne.

Ces conduits & canaux coupés
font l'effet d'un fiphon renverfé

à branches égales. L'air extérieur soutient les liqueurs de l'arbre dans les branches de ce nouveau siphon ; de forte que les sucs descendans, qui font les plus lourds & les plus pernicieux, restent encore en grande quantité dans l'arbre, après l'échappement de cette eau roussâtre, & s'y trouvent en équilibre avec les sucs montés des racines qui font les plus légeres. Telles font les loix de l'hydrostatique, qui veulent que les hauteurs des liqueurs dans les branches du siphon, soient en raison réciproque de leur pesanteur spécifique.

XIII.

ETANT donc conftant que la seve eft presque toujours le germe de la corruption intérieure, & qu'elle eft moins abondante

dans une faiſon que dans une autre, on doit en conclure néceſſairement qu'on ne doit couper les
arbres que lorſque ce germe aura
le plus diſparu. Les progrès du dépériſſement en feront plus lents.

X I V.

S I cette feve n'eſt retirée que
dans le tems où l'air extérieur,
étant totalement refroidi, ne peut
cauſer aucune nouvelle dilatation
dans les parties ſupérieures ; s'il
faut abſolument que la gelée ait
produit quelqu'effet dans l'air,
& que l'atmoſphere ſoit reſſerrée
& moins agiſſante, le 15 Septembre eſt un tems trop prématuré,
& le 15 Avril un terme trop avancé pour l'abbattis & la coupe des
bois de haute futaye.

X V.

X V.

AINSI la fin de Décembre &
tout le mois de Janvier font les
tems les plus propres pour l'exploitation. Encore faut-il avoir
égard à la température de la fai-
fon, & à la groffeur & dureté des
arbres. Il peut fort bien arriver
qu'il regne alors un air affez chaud
pour favorifer l'afcenfion des
fucs, & l'expanfion des parties de
l'arbre, quoiqu'avec moins de
vivacité; & fi l'on a vû des fleurs
& des feuilles dès le commencement de Février, la feve a dû
monter du tems auparavant pour
produire ces effets.

Cependant, pour bien affurer
l'état de l'arbre lors de la coupe,
il faut que tout fon mouvement
dans les parties fupérieures foit
comme arrêté, engourdi, & dans

G

une efpéce d'inaction ; il faut qu'il ne monte de fucs que ce qui eft néceffaire pour nourrir la cime. Alors il n'y a plus dans les racines ce retour des fucs abondans & groffiers, que l'arbre, plus ouvert dans fes pores durant les chaleurs, reçoit fi facilement, foit des parties inférieures, foit de celles qui font expofées à l'air extérieur.

C'eft fur ces principes qu'il faut fe conduire dans les exploitations, & non fur des préjugés lunaires, que le raifonnement & l'expérience détruifent, & détruiront toujours.

On ne pourroit donc trop applaudir à une Ordonnance des Eaux & Forêts, qui fixeroit le tems de la coupe des bois deftinés à la groffe charpente, depuis le 15 Décembre jufqu'à la fin de

Janvier au plus tard. Pour ne cau-
fer toutefois aucun dérangement
dans les coupes, on pourroit per-
mettre d'abbattre les taillis dès
le 15 Septembre.

X V I.

ON doit défirer cette maniere-
re d'exploiter les arbres, pour
avoir de bons bois de charpente;
c'eſt le but que nous nous fom-
mes propofés : paſſons actuellement aux précautions néceſſaires
à apporter dans fon emploi.

EMPLOI.

POUR extirper l'humide du
cœur de l'arbre, il eſt utile de
laiſſer les extrêmités des piéces
à découvert.

La chaleur qui agit fur les parois extérieurs d'une poutre, peut
occafionner, quoique foiblement,

une dilatation dans les liqueurs,
& les chaſſer vers les abouts de
la piéce, d'où elles ne peuvent re-
venir ſur leurs pas ; par conſé-
quent, ſi l'on donne accès à l'air
extérieur ſur les extrêmités des
poutres, l'air dont le propre eſt
de diviſer, atténuer & ſubtiliſer
les particules des liqueurs par ſon
action, les diſſipera & les enle-
vera, lorſque leurs molécules ſeront devenües plus légeres qu'un
pareil volume d'air. Ce mécaniſ-
me eſt celui de l'exaltation des
nuées. Les premieres parties de
l'humide qui auront été ainſi ſou-
miſes à l'action de l'air étant éva-
porées, d'autres leur ſuccéde-
ront ; & tout l'humide s'enleve-
ra ſucceſſivement.

Pour défendre les abouts des
piéces contre les intempéries de
l'air, & ne point nuire à la déco-

ration extérieure de nos édifices,
on peut appliquer au-devant un
carreau de pierre percé de différens trous obliques plus élevés à
l'intérieur qu'à l'extérieur, pour
empêcher la pluie de pénétrer.

Cependant, si les extrémités
des piéces ne peuvent être abso-
lument à découvert, nous vou-
drions qu'on prît des précautions
qui pussent y équipoller, quoique légérement, ce seroit de ne
sceller ces piéces, ni avec mortier, ni avec plâtre; ces matieres
ont des sels trop hétérogènes avec
ceux du bois. Il faudroit se con-
tenter de les poser à sec sur une
cale de bois, & les tenir isolées
de toutes parts de la maçonnerie
environnante. Il seroit même à
propos dans les édifices de quelque conséquence, d'entourer de
plomb les portées des poutres ou

poitraux, en leur circonférence
feulement, en laiſſant les abouts
dégagés. On évitera par ce moyen
toute fermentation qui pourroit
provenir, & de l'humidité naturelle, & des ſels particuliers de
la maçonnerie.

Il y a donc deux cauſes qui
produiſent ordinairement la pourriture des poutres dans leurs portées. La premiere eſt un vice
dans le ſcellement ; les matieres
qu'on y employe, entretiennent,
& même apportent l'humidité
avec elles, & de plus ſont char-
gées de ſels corroſifs & fermen-
tatifs. La ſeconde cauſe eſt le défaut de circulation d'air ; l'humide de la poutre qui ne peut re-
tourner ſur lui-même, une fois
arrivé à ſes extrémités, n'a plus
aucune évaporation, y reſte fixé
à l'endroit du ſcellement, & y

produit par une suite néceſſaire
l'altération & la déſunion de la
contexture de ces parties. C'eſt
ce qui n'arrive que trop ſouvent,
& ce qu'on vient d'éprouver à
l'Ecole Royale Militaire.

X V I I.

A ce premier expédient de
conſervation l'on peut y en ajouter un ſecond, qui eſt de refendre les piéces deſtinées à ſervir en
poutres ou en poitraux, & de rap-
procher après la refente les deux
doſſes, en obſervant de mettre
les parties du cœur en dehors.

1°. L'air qui n'agit que ſur les
parois extérieurs d'une piéce de
gros équarriſſage, n'agit preſque
pas ſur la ſubſtance médullaire.
Cette partie qui eſt fungeuſe, eſt
toujours remplie de ſucs épais qui
commencent à s'y préparer, s'y

cuire & s'y digérer comme dans un fourneau concentré. Or, par la refente de la piéce, ce foyer de fermentation exposé immédiatement à l'air, se trouvera refroidi, se deffechera, & toute la fermentation s'arrêtera.

2°. Par la refente la piéce ne peut rien perdre de sa roideur & de sa force à supporter les fardeaux. Les connoissances Physico-Mathématiques démontrent que, sans avoir égard à l'épaisseur horisontal d'une poutre, son épaisseur verticale est l'expression du bras de levier qui fait tête à la puissance tendante à faire plier ou casser la piéce.

En effet, d'un côté, en apportant dans cette refente les précautions néceffaires, elle ne peut trancher les allignemens des fibres, qui font toujours parallèles à l'axe de l'arbre. On peut même obliger par la suite, ceux qui équarriſſent les bois, à en refaire les faces parallèlement à l'axe de l'arbre. Il eſt vrai que, ſi l'on ſe ſervoit d'arbres tortueux, l'on ſeroit dans le cas de trancher les fibres. Mais on ne doit employer pour la refente que les plus droits, & ceux dont les nœuds ſont en moindre nombre & moins profonds : ce ſont même les ſeuls bois dont il faut ſe ſervir. Quoiqu'ils ſoient un peu rares, il n'eſt pas moralement impoſſible d'en trouver.

D'un autre côté, la force de la piéce ne dépend que des fibres ſerrées & multipliées les unes ſur les autres, dans le ſens de ſa hauteur, & non de celles qui ſont couchées les unes à côté des autres, dans le ſens de ſa largeur. Ce

qui fe trouve d'accord avec toutes les expériences de *Parent* &
de *Belidor*, qui, d'après leurs
calculs & ceux de Bernoulli, ont
auffi établi que la plus forte poutre qu'on pût tirer d'un arbre en
l'équarriffant, étoit celle dont les
côtés feroient dans la proportion
de 5 à 7. Ce n'eft pas qu'ils ayent
entendu la piéce la plus forte
qu'on puiffe tirer d'un arbre, mais
la plus forte poutre; c'eft leur expreffion relativement au bénéfice
de l'équarriffage.

Il eft même certain que la piéce
refendue a plus de force. Sa force
dépend de la rigidité de fes fibres;
& le corps médullaire qui com-
pofe particuliérement le cœur de
l'arbre, eft d'une contexture plus
tendre que les parties ligneufes.
Si cette partie eft expofée à l'air,
elle doit acquérir, en fe durcif-

fant, une nouvelle rigidité & un nouveau compact; ce qui doit balancer au moins la légere perte du cube, qui est emportée par l'épaisseur du trait de scie.

On objectera peut-être que nous ne devons rien conclure des expériences sur la refente récemment faites à l'Ecole Royale Militaire, qu'elles ont péché par un vice, soit du côté du tems, soit du côté de la charge.

Mais, de quelque maniere que la chose soit arrivée, ce défaut (s'il y en a) retournera toujours à l'avantage de notre proposition. Il suffit que la poutre aye porté plus pesant après la refente qu'auparavant. Il n'y a qu'à poursuivre l'expérience avec un poids plus fort, & dans un tems plus considérable, cela ne servira qu'à faire connoître plus précisément le de-

gré de fa réfiftance, & fon fur-
croît de folidité, conformément
aux expériences de *Parent* & de
Belidor. De ce qu'elle n'auroit
pas été chargée affez, & pendant
un tems fuffifant, on ne peut conclure qu'elle auroit plié dans un
tems plus long, & fous un poids
plus fort.

Il eft à craindre, dira-t-on, que
ces refentes n'étant pas affez def-
féchées, ne fe trouvent fujettes à
voiler.

Qui formeroit cette difficulté,
ne penferoit pas à la conftruction
actuellement ufitée. Aujourd'hui
nos poutres fe perdent dans l'é-
paiffeur des planchers; on leur
adapte des lambourdes fur les
flancs, & les folives qui portent
fur les lambourdes, leur fervent
d'étrefillons. On peut même entretenir les refentes, non pas avec

boulons qui trancheroient les fibres, mais avec frettes qui les enveloperoient & les ferreroient en tout leur pourtour, ou avec platte-bandes à talons aux extrémités, & fur les furfaces horifontales.

L'on appréhendera peut-être que les refentes venant à fe fécher, & diminuant par conféquent d'équarriffage, elles ne foient plus alors fuffifamment ferrées & entretenües, foit par les folives buttantes, foit par les frettes environnantes, & qu'elles ne voilaffent.

La difficulté fera même plus grande pour les poitraux. Ils ne font buttés, ni par les folives, ni par les lambourdes, au moins d'un côté.

Mais cette objection tombe d'elle - même ; & pour y répondre , prenons l'exemple des voûtes.

Tout le monde fçait qu'elles ont d'autant moins de pouffée, que leurs piédroits font plus chargés ; l'expreffion de la réfiftance du piédroit étant le produit de la moitié de fa bafe , par la fuperficie du profil de toute fon élévation , tant de ce qui eft jufqu'aux naiffances , que de toutes les parties fupérieures.

Or , les poutres ou poitraux fupportent de même un poids confidérable , eû égard , tant à la pefanteur des faces , qu'à celle des planchers. Il y a donc ici deux forces qui s'entredétruifent ; l'action de l'humide qui tend à faire voiler la refente ; & l'action de la gravité qui preffe en contrebas.

Ces deux forces ou puiffances

peuvent être exprimées par les côtés du parallélogramme des forces, & la force compofée qui en réfulte par la diagonale. D'un côté, plus la refente fera defféchée, & d'un autre côté, plus la poutre ou poitrail fera chargé, moins il y aura de rapport entre ces deux forces ; la diagonale, expreffion de la force compofée réfultante, fera alors prefque réduite au moment du parallèlifme avec le côté vertical ; & dans ce cas la puiffance qui favorife le voilement prefque réduite à zero. Autre raifonnement mécanique qui fait évanoüir toutes les craintes qu'on peut avoir au fujet de la refente des poutres & poitraux.

De plus, qui auroit encore quelque crainte, pourroit multiplier les forces réfiftantes en multipliant le nombre des frettes ou

platte-bandes, & furmonter ainfi
par l'art jufqu'aux moindres dif-
ficultés de la nature. On pourra
encore par une précaution même
néceffaire, laver au rabot ou à la
befaiguë les paremens de la refente.

XVIII.

CET ufage de la refente nous
paroît d'autant plus néceffaire,
qu'il met en évidence les parties
internes de l'arbre: c'eft un moyen
infaillible d'en connoître l'état &
la qualité intérieure, & de faciliter l'extirpation de tout germe
de corruption. Ne prendre point
le parti de la refente, c'eft fe pri-
ver de la folidité qui doit être fi
recherchée dans tous les ouvrages.
Un homme fage en effet ne doit-
il pas faifir avec ardeur le parti

le

le plus avantageux, & le moins fujet à inconvénient ? Nous ne fçavons que trop que nos bois de charpente périffent tous par lé cœur : c'eft aujourd'hui le fujet de nos inquiétudes. Ainfi, quand même on fuppoferoit gratuitement qu'il y a plus de foibleffe dans la piéce refendüe, il eft certain d'un autre côté que c'eft l'expédient le plus für, pour détruire le vice du centre de l'arbre ; & que la confervation & la durée des piéces de charpente eft préférable à leur force, auxquelles on peut aifément fuppléer. Enfin, où feroit la force d'un morceau de bois pourri ? Eh ! qui a jamais vû des poutres caffer fous le fardeau, fans qu'elles euffent des nœuds ou vices particuliers intérieurs ; ce qui ne feroit pas arrivé, fi l'on eut travaillé à les découvrir.

H

X I X.

IL y a donc d'autant plus de raison à embraſſer la pratique de la refente, & à ſe ménager cette reſſource de ſolidité, qu'il y a aujourd'hui un vice radical dans les bois, ſoit du côté des terres uſées pour les plantations (ce que nous avons déja dit), ſoit enfin du côté de l'effet des froids arrivés en différens tems, à pareil degré de celui de 1709, & accompagnés des mêmes circonſtances.

Perſonne n'ignore effectivement que nos Vaiſſeaux de conſtruction moderne, ſont d'un ſervice beaucoup plus court qu'ils ne l'étoient anciennement. Nous voyons auſſi que dans la plûpart de nos nouveaux édifices, on a été obligé d'en renouveller pluſieurs fois & en peu de tems les poutres & les poitraux.

Les observations, les raisonnemens physiques & l'Anatomie de l'arbre viennent à l'appui de cette fatale expérience.

1°. Le froid du grand hyver arrivé en 1709 a produit des effets sensibles sur les arbres, tels que les Oliviers, Noyers, Chataigniers & autres arbres tendres. L'excessive rigueur du froid produisit alors ces effets sensibles sur ces arbres, comme plus susceptibles ; mais il a pû agir aussi, quoiqu'imperceptiblement, sur les autres espéces, à proportion que les arbres étoient plus ou moins durs, plus ou moins exposés à l'action du froid, & que la contexture de leur bois étoit plus ou moins chargée de parties aqueuses.

Les liqueurs de l'arbre peuvent se glacer ; tant dans les fi-

bres, que dans les utricules, par
la rigueur excessive du froid.

Les parties des liquides, qui
sont toujours impreignées d'air,
perdent leur mouvement avant
que de se geler. Les particules
d'air, qui s'y trouvent renfermées, se débandent alors en tous
sens, ne trouvant plus de résis-
tance, & repoussent, & refoulent
tout ce qui leur fait obstacle. Si
le vase où est contenue la liqueur,
résiste par sa forme à leur action,
il en est nécessairement brisé. Les
fibres & les utricules représen-
tent ce vase ; ils peuvent donc se
briser & se rompre par un froid
rigoureux. En effet, qu'on se pro-
mene dans nos Forêts par de
grands froids, on y entend alors
un bruit & un craquement continuel dans les arbres.

2°. La pellicule ou tunique qui

forme la partie la plus intérieure de l'écorce, & qui, devenant ligneuſe, tous les ans augmente le corps de l'arbre d'un nouveau cercle, a pû, comme plus prochaine de l'air extérieur, reſſentir cette impreſſion du froid de 1709 par la flétriſſure ou la rupture, tant dans les fibres, que dans les trachées, ſachets ou utricules qui lui étoient propres ou circonvoiſins.

Les effets de cette impreſſion, & les dérangemens qui en ont été les ſuites, ſont ſenſibles dans la plûpart des arbres. Qui voudra obſerver, trouvera que la cerne de 1709, & celles qui l'avoiſinent, ſont d'une couleur différente des autres, & reconnoîtra que la ſubſtance médullaire eſt cariée & viciée, lorſqu'elles en approchent.

3°. C'eſt ce qui n'a pû provenir que d'une ſciſſion, rupture, flétriſſure & interruption dans les fibres, trachées & ſachets; c'eſt auſſi ce qui par ſuite a diminué la circulation & exportation des ſucs nourriciers, & eſt cauſé que dans le commencement ils n'ont pû être chariés avec autant de jeu & facilité.

4°. Le bon état de l'arbre dépendant de la circulation & de l'harmonie des parties qui y ſont deſtinées, ſi l'altération de ſes parties a eu lieu une fois, il a pû y avoir par la ſuite un dérangement dans la végétation. Ce dérangement a même pû prendre quelqu'accroiſſement, juſqu'à ce qu'un nouveau tiſſu de fibres ligneuſes, ou une nouvelle création de ſachets ou utricules ait pû réparer juſqu'à un certain

point ces premieres pertes ; alors
tant les anciennes parties, que les
nouvelles auront reçu une quantité de nourriture plus ou moins
abondante, à raison de ce que ce
dérangement aura été plus ou
moins réparable.

En outre ces parties malades,
s'il y en a eu, sont restées dans
l'arbre, comme un corps gangré-
né, & n'ont pû que produire des
effets dangereux au dedans & au
dehors.

Il est reconnu que les rameaux
& les rejettons prennent bien
leur nourriture, & qu'ils poussent
en droite ligne, lorsque les fibres
ligneuses sont bien perpendicu-
laires, & que les sachets ou utricules se trouvent placés bien ho-
risontalement.

Au contraire, s'il y a des causes qui arrêtent ces sucs, & les

faſſent rebrouſſer chemin, les rameaux ne pouſſent plus droits ;
ce qui devoit croître en branches
& en rejettons, dégénere en tu-
meurs, galles & excreſcences vi-
cieuſes ; & les nœuds qui ſervent
de filtroirs pour les différens rameaux, étant obſtrués, y forment
des noyaux de pourriture.

5°. On voit donc qu'il a dû
alors y avoir un accroiſſement de
vice, tant par le défaut de végétation, que par la communication
& avoiſinement des parties malades. L'expérience nous fait voir
en effet qu'un bois, quelque ſain
qu'il ſoit, s'il eſt appliqué contre
d'autres bois qui ayent quelques
défauts, y participe au bout d'un
certain tems.

6°. Il eſt pareillement certain
que ces bois attaqués, n'ont plus
dû avoir le même compaɛ,

qu'il

qu'il y a eû un vice intérieur, &
qu'il a même pû en conséquence
prendre un accroissement.

Que résulte-t-il de toutes ces
réflexions, sinon que par cette
impression de froids rigoureux,
les bois qui ont pû souffrir avant
que d'être employés, n'ayant plus
les mêmes parties vivifiantes, ni
le même compact, ont dû nécessairement être moins bons au
service & à l'emploi ?

Après des principes si bien établis & si généralement reconnus,
pour ne rien laisser à désirer, il
est à propos d'en faire voir l'ana-
logie avec les observations & les
découvertes de MM. Buffon &
Duhamel, sur l'écorcement des
arbres; objet aussi intéressant pour
le bien public, qu'il paroissoit anciennement y être étranger &
même contraire.

I

ÉCORCEMENT DES BOIS.

L'écorcement des arbres se fait vers la seve de Mai, & environ deux ans avant qu'on les coupe. Cette pratique est établie avec succès dans la Province de Nothingam & dans le Comté de Staffort en Angleterre. Sa bonté a été éprouvée en France sous les yeux du Ministre, par ces deux célébres Académiciens:(a) & quand on ne seroit pas fondé sur ces exemples & sur ces expériences, les raisons qu'on est en état d'en alléguer, en certifient l'opération, & la rendent sûre & sensible.

Le bois écorcé est en effet plus roide, plus fort, plus solide, plus compact, plus uniforme en toutes ses parties. Tout y est également rempli, substance médullaire, fibres ligneuses & aubier ;

(a) M M. Buffon & Duhamel.

par conféquent moins de perte pour l'équarriffage, & le volume de l'équarriffage plus confidérable. En un mot, la force du bois écorcé eft au bois non écorcé, comme 5 eft à 4 ; fa pefanteur eft auffi fupérieure à celle de celui qui ne l'eft pas , & fon écorce meilleure pour le tan des cuirs.

La Phyfique nous apprend en même-tems que les fucs qui montent dans l'arbre , font deftinés non-feulement à fa nourriture , mais encore à fon accroiffement. Entre les parties ligneufes & l'écorce , il fe forme chaque année de nouvelles couches qui deviennent bois à leur tour. Dans l'arbre écorcé ces nouvelles couches ne peuvent plus fe former , attendu l'action immédiate de l'air fur ces parties tendres & délicates , qui ne font plus défendües par leur

envelope; en conféquence elles
fe refferrent, fe deffechent & fe
durciffent.

Les fucs intérieurs n'en montent pas moins, mais ils s'arrêtent
& fe figent dans les interftices les
plus voifins defdites couches. Par
la fuite les utricules & les fibres
gorgés de ces fucs, fe ferment
fucceffivement les uns après les
autres; & enfin rendent par-là
le bois d'un compact plus ferré
& plus uniforme, fans aucun refte
d'humide.

Il n'eft pas à craindre que dans
de pareils bois, il y ait par la fuite
aucune fermentation ou formation de vers. Toute la liqueur
vifqueufe de l'arbre, qui s'eft def-
fechée par cette opération, en a
rempli les pores, & les a baigné
& imbibé de fon huile & de fon
effence réfineufe, exclufive de
tous vers.

Ce compact uniforme, dont
on vient de parler, ne peut être
que recherché, utile & même
néceſſaire ; tout bois périt toujours dans le ſervice, par défaut
de cette uniformité de compac-
tion & autres vices auxquels nous
avons paré par cette ſuite de réflexions.

Il ſeroit donc du bien public
d'écorcer les arbres deſtinés à la
charpente deux ans avant leur
exploitation : un retard plus conſi-
dérable les mettroit hors d'état
de ſervice, & ils entreroient dans
la claſſe du bois mort ſur pied.

Mais les bornes d'une ſimple
Diſſertation ne nous permettent
pas de nous étendre davantage ;
nous nous contenterons de raſ-
ſembler ici ſous un même point
de vûe, un tableau abrégé & pratique de tout ce qui doit être ob-

fervé, foit dans l'exploitation,
foit dans l'emploi de la charpente.

CONCLUSION.

Nos Forêts font trop anciennes ; prefque tous nos bois pouf-
fent fur vieilles fouches ; ils n'ont
plus la même qualité qu'ils auroient, s'ils venoient de jeunes
glands. Ces glands pris fur un
arbre de cent ans, & d'une belle
venue, plantés dans une terre
neuve, feroient l'efpérance de
la Patrie, fatisferoient à tout ce
qu'on défire aujourd'hui, & l'on
verroit par la fuite de bons bois
pour l'emploi dans la groffe charpente.

Dans le Chêne on doit diftin-
guer celui qui eft propre à la
charpente, de celui qui eft propre à la menuiferie ou à d'autres
ouvrages.

On ne peut révoquer en doute
que le terrein & l'expofition n'in-
flüent fur fa qualité ; celui qui eft
le plus ruftique, vient ordinairement dans les terreins pierreux
& fablonneux, c'eft le plus propre
à la charpente ; & le meilleur eft
ordinairement celui qui croît dans
les Forêts le long des lizieres &
au Levant ou au Nord ; mais particuliérement à cette derniere
expofition.

On coupe les bois pour la charpente , depuis l'âge de foixante
ans jufqu'à deux cent ; mais il eft
bon de ne fe fervir pour les poutres & les poitraux que d'arbres
de l'âge de cent - vingt jufqu'à
cent-foixante. Avant le premier
terme, ils ne font pas affez formés ; & après le dernier, on court
rifque de les trouver appauvris, &
dégénérans en la nature de bois
mort fur pied.   I iv

C'eſt une choſe conſtante que
pendant le cours de l'année l'arbre éprouve deux ſeves ; la premiere commence ordinairement
en Avril , & la ſeconde en Août.

Il eſt certain que dans le bois
abbattu , la ſeve eſt un germe de
corruption ; on ne peut donc apporter trop de ſoin pour s'en garantir. Par la même raiſon , il eſt
eſſentiel de ne point faire les coupes dans les tems où elle eſt en
action.

Ce principe eſt avoué & reconnu par l'Ordonnance des Eaux &
Forêts ; elle y a pourvû en con-
ſéquence par ſes ſages Réglemens. Ne ſeroit-il pas permis cependant de déſirer que ces Réglemens ne fuſſent appliqués qu'aux
taillis ? Et qu'à l'égard des futayes on n'en commençât la coupe qu'au 15 Décembre , pour la

finir avec le mois de Janvier au plûtard.

Cerner l'arbre par le pied, & le réduire en pivot avant que de l'abbattre, est une pratique également inutile & dangereuse. Cela est prouvé par l'expérience, & par la connoissance de l'arbre dans sa mécanique.

Il faut aussi observer de ne point employer le bois trop verd. Il est nécessaire qu'il ait jetté son eau, reste d'une seve mal digérée. On ne peut fixer un tems certain du dessechement de cette seve. Cela dépend de la nature & de la contexture des parties de l'arbre, du plus ou moins de parties aqueuses qu'il renferme, relativement au terrein qui l'a nourri. Toutes circonstances qu'on ne peut peser & apprécier au juste, & dont les différences & les nuances varient à l'infini. Aussi est-il plus prudent de ne se servir du bois de charpente que quatre ou cinq ans après sa coupe.

Il seroit à souhaiter que le Gouvernement exigeât des Marchands qu'ils abbattiſſent exactement tout l'aubier dans les bois de charpente, & qu'ils l'équarriſſaſſent au vif. On pourroit même ordonner aux Gardes-Marteaux de marquer toutes les piéces de charpente à leurs deux extrémités, d'un fer chaud portant le numero de l'année des coupes.

Le bois flotté à propos est beaucoup supérieur en qualité à celui qui ne l'est pas, & il est plutôt en état de service.

Pour conſerver, en attendant l'emploi, les bois deſtinés à la charpente, & leur faire acquérir le deſſechement souhaité, diſons

même, la maturité néceffaire ;
on doit avoir foin de les placer
fous des angards, de ne les jamais pofer à crû fur la terre, ni
parfaitement de niveau, mais toujours fur des chantiers diftans les
uns des autres, & plus élevés du
côté de la cime que du côté de la
fouche.

Cette réflexion entraîne naturellement celle de la néceffité,
dans les conftructions, de laiffer
les abouts des piéces à découvert, de ne les jamais entourer
de plâtre, de mortier ou de ci-
ment, matieres fufceptibles d'humidité, fermentatives & remplies
de fels brûlans, & pernicieux.

Une autre fuite de cette réflexion eft la méthode de la refente
des bois. On a par ce moyen un
triple avantage ; facilité de deffe-
cher un reftant de feve toujours

préjudiciable , au moins l'égalité
de force & de réſiſtance , & enfin
la connoiſſance parfaite de l'état
& de la qualité des piéces à employer.

Il eſt même néceſſaire de refendre dans les ventes , & avant
que de mettre à flot , tous les
arbres deſtinés à ſervir en poutres ou en poitraux.

Par cette précaution , l'intérieur de la piéce eſt viſible , ſes
perfections & imperfections ſont
à découvert : on a une connoiſſance éxacte de la nature & de
la qualité des bois , avant que de
les employer ; & l'on eſt aſſuré
de n'avoir rien à rebuter , ni au-
cunes pertes à eſſuyer lors de
l'emploi.

Ainſi , par cette refente , le cœur
des bois , cette partie tendre ,
qui ſe vicie aiſément , & qu'on

doit regarder comme le centre & le foyer de la fermentation, fera endurcie par l'air, avant que d'être à flot, & fera plus efficacement dépouillée de fes fels & de fes fouffres dangereux, après avoir été directement lavée & détrempée par le flottage.

Il n'y aura alors plus d'inquiétude, la fermentation étant arrêtée dès fon origine. Ainfi, en coupant le fauciffon, on prévient l'effet de la mine, & le danger s'évanouit.

Enfin, le moyen le plus certain d'affurer la bonté des bois deftinés à la charpente, eft l'écorcement des arbres deux ans avant l'exploitation.

Telles font nos réflexions puifées dans l'examen le plus fcrupuleux de la nature des bois, dans les Auteurs les plus connus, dans

les raiſonnemens mathématiques
de la Phyſique expérimentale , &
dans les obſervations d'une pratique éclairée.

L'exécution en paroîtra peut-
être d'autant plus difficile qu'elle
éxige le concours de bien des
perſonnes. Mais le ſage miniſtere
nous a fait connoître ſes vûes ,
& ſa prudence ſurmontera aiſément tout obſtacle.

Heureux ſi ayant connu les cauſes , & ayant apporté tous nos
ſoins pour en combiner les effets ,
nous avons pû remplir les vœux
du Gouvernement , & contribuer
en quelque choſe à l'avantage de
la Société.

LETTRE

De M. Paris du Verney, à M. Poirin, Syndic de la Compagnie des Architectes - Experts, après la réception du Mémoire.

J'ai différé, Monsieur, les remercimens que l'Ecole Royale Militaire doit à votre Compagnie, & à vous en particulier, qu'autant de tems qu'il en a fallu pour lire avec l'attention qu'il mérite, le Mémoire que vous m'avez fait l'honneur de m'adresser le 26 du mois dernier. Ce Mémoire a passé successivement par les mains des différens Officiers qui composent le Conseil de l'Hôtel. Tous rendent hommage à vos lumieres, à vos connoissances, à votre expérience ; &, en applaudissant à votre zéle, ils sont très-disposés à en faire, autant que cela dépendra d'eux, le profit de la Maiſon dont l'admi-niſtration leur eſt confiée. Mais, Monſieur, le mal auquel nous vous avons demandé le reméde, n'eſt pas concentré dans cette Maiſon, il eſt, pour ainſi dire, gé-néral; & vous auriez peut-être à vous en reprocher les progrès, ſi vous ne rendiez pas public, par l'impreſſion, l'ouvrage utile que nous devons à vos ſoins;il eſt fait pour exciter l'émulation parmi les gens de l'art, & pour éclairer ceux qui n'en ſont pas. Si dans la claſſe des premiers, vous ren-contrez des contradicteurs, il peut naître de cette contradiction même, de nouvelles lumieres, dont on vous aura toute l'obli-gation. Nous ne pouvons donc aſſez vous exhorter à ouvrir cette Carriere. A qui conviendroit-il mieux, qu'à votre Compagnie, de

s'y

s'y montrer la premiere ? La sûreté publique eſt dans ſes mains.
C'eſt ſur ſes rapports que nos
Tribunaux ſe décident , & répriment par leurs Jugemens, les
malverſations & les abus qui leur
ſont déférés. Elle eſt donc plus
compétente qu'aucune autre ſur
la matiere dont il s'agit ; & j'oſe
dire qu'elle manqueroit autant à
ſon inſtitution, qu'à la confiance
que le Public a en elle , ſi elle
n'en paroiſſoit pas ſérieuſement
occupée. Tel eſt le vœu dont le
Conſeil de l'Hôtel croit devoir
accompagner l'expreſſion de ſa
reconnoiſſance.

J'ai l'honneur d'être , avec le
même ſentiment,

Monſieur ,

Ce 7 Novembre 1762.

Votre très-humble & très-obéiſſant ſerviteur. Signé,
PARIS DU VERNEY.

K

Pagination incorrecte — date incorrecte

NF Z 43-120-12

Fautes à corriger.

Page 23, *ligne* 8, *lisez* boulonnant *au lieu de* boutonnant.

Page 38, *ligne* 9, *lisez* farcler *au lieu de* fa-cler.

Page 83, *ligne* 4, *lisez* emporté *au lieu de* emportée.

Même page, *ligne* 17, *lisez* que la poutre ait porté *au lieu* que la poutre aye porté.

Page 89, *ligne* 17, *lisez* à laquelle *au lieu de* auxquelles.

APPROBATION.

J'AI lû , par ordre de Monseigneur le Chancelier , un Manuscrit intitulé , *Dissertation sur les Bois de Charpente.* L'examen qu'on y fait de la cause qui a pû faire dépérir si promptement les bois employés à Versailles , à la Chambre des Comptes , à l'Ecole Militaire &c. & les moyens qu'on indique pour tâcher de les prévenir , ne peuvent être que très-utiles au Public ; & je crois l'Ouvrage digne d'être imprimé. A Paris , ce 6 Décembre 1762.

DEPARCIEUX.

PRIVILEGE DU ROI.

LOUIS , par la grace de Dieu , Roi de France & de Navarre ; A nos amés & féaux Conseillers , les Gens tenans nos Cours de Parlement , Maîtres des Requêtes ordinaires de notre Hôtel , Grand - Conseil ,

K ij

Prévôt de Paris, Baillifs, Sénéchaux, leurs Lieutenans Civils, & autres nos Juſticiers qu'il appartiendra; S A L U T. Notre amé F R A N Ç O I S - J O A C H I M B A B U T Y fils, Libraire à Paris, Nous a fait expoſer qu'il déſireroit faire imprimer & donner au Public, un Ouvrage qui a pour Titre : *Diſſertation ſur les bois de charpente*; S'il Nous plaiſoit lui accorder nos Lettres de Permiſſion pour ce néceſſaires : A C E S C A U S E S, voulant favorablement traiter l'Expoſant, Nous lui avons permis & permettons, par ces Préſentes, de faire imprimer ledit Ouvrage, autant de fois que bon lui ſemblera; & de le vendre, faire vendre & débiter par tout notre Royaume, pendant le tems de trois années conſécutives, à compter du jour de la date des Préſentes; Faiſons défenſes à tous Imprimeurs, Libraires & autres perſonnes, de quelque qualité & condition qu'elles ſoient, d'en introduire d'Impreſſion étrangere dans aucun Lieu de notre Obéiſſance : A la charge que ces Préſentes ſeront enregiſtrées tout au long ſur le Regiſtre de la Communauté des Imprimeurs & Libraires de Paris, dans trois mois de la date d'icelles; que l'impreſſion dudit Ouvrage ſera faite dans notre Royaume & non ailleurs, en bon papier & beaux caractères, conformément à la feuille imprimée, attachée pour modèle ſous le contre-ſcel des Préſentes; que l'Impétrant ſe

conformera en tout aux Réglemens de la
Librairie, & notamment à celui du 10 Avril
1725 ; qu'avant de l'expofer en vente, le
Manufcrit qui aura fervi de Copie à l'impreffion dudit Ouvrage, fera remis dans le
même état où l'Approbation y aura été don-
née, ès mains de notr, très-cher & féal Chevalier, Chancelier de France, le Sieur DE
LAMOIGNON; & qu'il en fera enfuite remis deux Exemplaires dans notre Bibliothé-
que publique, un dans celle de notre Châ-
te.u du Louvre, un dans celle dudit Sieur
DE LAMOIGNON, & un dans celle de notre
très-cher & féal Chevalier, Garde des Sceaux
de France, le Sieur FEYDEAU DE BROU:
le tout à peine de nullité des Préfentes. Du
contenu defquelles, vous mandons & enjoi-
gnons de faire jouir ledit Sieur Expofant &
fes Ayans caufes pleinement & paifiblement,
fans fouffrir qu'il leur foit fait aucun trouble
ou empêchement; Voulons qu'à la Copie des
Préfentes, qui fera imprimée tout au long
au commencement ou à la fin dudit Ouvrage, foi foit ajoutée comme à l'Original.
Commandons au premier notre Huiffier ou
Sergent fur ce requis, de faire, pour l'exécution d'icelles, tous actes requis & néceffaires, fans demander autre permiffion ; &
nonobftant clameur de Haro, Charte Nor-
mande, & Lettres à ce contraires; car tel
eft notre plaifir. Donné à Paris, le douziéme
jour du mois de Janvier, l'an de grace mil

sept cent soixante-trois, & de notre Règne le quarante-huitiéme. Par le Roi en son Conseil.

LÉBEGUE.

Registré sur le Registre XV. de la Chambre Royale & Syndicale des Libraires & Imprimeurs de Paris, N°. 886, fol. 368, conformément au Réglement de 1723. A Paris ce 19 Janvier 1763.

LE CLERC, *Adjoint.*